AF320898

ADRESSE

AUX NATIONS DE L'EUROPE,

SUR LE COMMERCE HOMICIDE

APPELÉ

TRAITE DES NOIRS,

PUBLIÉE PAR LA SOCIÉTÉ DES AMIS, COMMUNÉMENT NOMMÉS QUAKERS, RÉSIDANT DANS LA GRANDE-BRETAGNE ET L'IRLANDE.

TRADUIT DE L'ANGLAIS.

PARIS,

DE L'IMPRIMERIE DE L.-T. CELLOT,

RUE DU COLOMBIER, Nᵒ 30.

1822.

ADRESSE

AUX

NATIONS DE L'EUROPE.

—

Bien des années se sont écoulées depuis le jour où l'attention de la Société des Amis, communément appelés *Quakers*, se porta, pour la première fois, sur le sujet de la Traite des noirs. Convaincue de l'injustice de ce commerce, la Société pensa alors qu'il était de son devoir d'imprimer cette vérité dans le cœur de chacun de ses membres, en leur présentant le tableau des souffrances de ces enfans de l'Afrique, arrachés par la force à leur terre natale, et condamnés à un cruel esclavage sur un rivage étranger.

La Société fit plus : considérant l'énormité du crime, il y a environ soixante ans qu'elle fit une disposition réglémentaire (1) qui, jusqu'à ce jour, a continué d'avoir force de loi, en vertu de laquelle seraient rayés du nombre de ses membres, tous ceux d'entre eux qui, malgré toutes

______

(1) Par un acte de l'assemblée annuelle de 1761.

les peines prises pour les tirer de leur coupable erreur, n'en persisteraient pas moins à continuer ce commerce homicide. Le soin avec lequel la Société, depuis cette époque, n'a cessé d'avertir ses membres de ne point entrer en partage du prix du sang et de l'oppression, de ne point se déshonorer en tirant des bénéfices quelconques de ce commerce injuste, ne permet pas de soupçonner qu'en défendant la cause des opprimés, nous soyons guidés par des vues politiques ou commerciales. Nous nous appuyons sur la base simple, mais inébranlable, des principes du christianisme.

Il y a déjà long-temps que, réunis à plusieurs hommes humains et vertueux de la Grande-Bretagne, nous pensâmes qu'il était de notre devoir comme chrétiens, de contribuer à éclairer nos compatriotes sur les horreurs de ce commerce barbare, et de solliciter du gouvernement anglais une loi qui abolît une Traite entachée tout ensemble d'injustice et de cruauté. Plusieurs membres du parlement, frappés de l'iniquité de la Traite, et animés d'un noble zèle, réunirent en même temps leurs efforts infatigables, et travaillèrent à hâter la suppression de ce fléau. De nombreux obstacles entravèrent dans sa naissance et dans ses progrès, cette œuvre de miséricorde ; mais enfin avec quels sentimens de joie ne vîmes-nous pas se prononcer avec énergie l'opinion nationale, et un acte de la législature, promulgué en 1807 , effacer cette tache honteuse du caractère de la nation britannique !

C'est aussi avec une vive satisfaction que nous avons vu les mesures prises et les dispositions manifestées jusqu'à ce jour par les gouvernemens respectifs de ces nations , dont les sujets sont partiellement engagés encore dans ce commerce coupable ; mais c'est avec un sentiment profond de douleur et de regret que nous avons appris que cette Traite funeste est encore journellement exercée par les sujets de ces mêmes puissances , dans une étendue véritablement déplorable , et avec des circonstances aggravantes de cruauté. Nous apprenons que les rivages de l'Afrique fourmillent encore de navires négriers qui chargent des cargaisons humaines et les transportent à un esclavage perpétuel dans des contrées lointaines. Nous apprenons, sur la foi d'autorités irrécusables , que cette Traite , condamnée au congrès de Vienne en 1815 , comme ayant « *désolé l'Afrique*, *dégradé l'Europe et affligé l'humanité*, » a été pratiquée dans le cours de l'année dernière , avec une ardeur toujours croissante.

C'est en obéissance aux principes de charité et d'amour contenus dans le christianisme, que nous nous sentons pressés de proclamer à la face du monde le tendre intérêt que nous inspire une population opprimée. S'il était nécessaire de justifier la liberté que nous prenons aujourd'hui de nous adresser à nos voisins du continent, nous leur dirions : Nous vous regardons comme nos frères, enfans d'un même Dieu, unis à nous par les liens d'une même croyance, espérant comme nous en un Rédempteur miséricordieux. Mais en considérant comme nos frères les habitans de la France, de l'Espagne, des Pays-Bas, du Portugal et des autres états de l'Europe, nos principes nous obligent à étendre ce doux sentiment à nos frères d'Afrique. Le Père céleste a créé d'un même sang toutes les nations qui couvrent la face de la terre : toutes sont comprises dans la grande rédemption accomplie par la mort du Sauveur des hommes, notre Seigneur Jésus-Christ. Bien que les enfans de la terre soient divisés en nations et en communautés distinctes, nous sommes tous mutuellement liés par les nœuds de l'amour et de l'affection fraternelle ; mais les nations de l'Europe sont engagées par des obligations plus étroites encore : il leur a été dispensé un bienfait dont jusqu'à ce jour la plus grande partie des fils de l'Afrique ont été privés. Ce bienfait inestimable, ce précieux trésor, c'est ce livre sacré inspiré par Dieu même, et qui contient dans ses pages saintes l'Évangile du Christ.

Nations chrétiennes ! qu'il soit donc permis à des chrétiens de remettre sous vos yeux un abrégé succinct des iniquités qui accompagnent la Traite des noirs. Le négrier, doué de la supériorité de la force, supériorité qu'il puise dans la connaissance de l'art funeste de la guerre, visite les côtes d'un continent inoffensif. Ses agens sont employés à arracher les malheureux habitans à leur patrie, à leurs familles, à leurs amis; à incendier les villages, à ravager les campagnes; à promener la terreur et la désolation dans des contrées paisibles. Il a soin de fomenter de continuelles guerres entre les rois voisins, afin de voir les prisonniers passer dans ses mains, victimes de son avarice. Ainsi muni des malheureux qu'il s'est procurés par force ou à prix d'argent, qui sont hommes comme lui, qui ont droit comme lui à une liberté que rien ne l'autorise à leur ravir, il se hâte de les diriger vers les navires qui, mouillés dans quelque havre voisin, attendent les infortunés objets de sa cruauté, et, accablés sous le poids des fers, courbés sous des jougs pesans, les chasse devant lui comme de vils troupeaux, jusqu'au lieu de l'embarcation. Là, de nouvelles douleurs les attendent : on les transporte violemment à bord des prisons flottantes destinées à les recevoir; on les entasse comme des balles de marchandises, et on les entraîne à travers les flots de l'Atlantique jusqu'au lieu de leur destination. Ceux mêmes qui ont été témoins des horreurs de cette traversée, se trouvent dans l'impuissance d'en présenter une juste image; à plus forte raison ne nous formerons-nous qu'une imparfaite idée, comparativement à la vérité, des souffrances accumulées dans ce funeste trajet sur plus de trois cents créatures humaines, entassées dans un bâtiment beaucoup trop étroit pour les recevoir, occupant un espace tellement resserré qu'il leur est souvent impossible de s'étendre sur le dos. Qu'elles doivent être douloureuses alors les réflexions de ces infortunés (car ils possèdent aussi bien que nous la redoutable faculté de penser), lorsque, reportant leurs regards vers leur condition passée, vers les doux rivages de leur patrie, ils les ramènent sur leurs souffrances présentes, sur celles qui les attendent encore ! Quel cœur assez dur pour ne pas s'attendrir à leurs pleurs, à leurs cris, à leurs gémissemens ! On emploie souvent les mesures les plus cruelles et les plus arbitraires pour prévenir les tentatives d'insurrection auxquelles doit nécessairement donner lieu une situation semblable. Tel est l'état de désespoir qui les accable, que souvent un grand nombre d'entre eux essaie de se suicider. Les miasmes pestilentiels et meurtriers, naissant de leur séjour prolongé entre les ponts du navire, qui ne sont ordinairement séparés que par un espace de moins de trois pieds; en outre, les incommodités de toute espèce de leurs compagnons d'infortune : toutes ces causes réunies produisent en eux la perte de l'appétit, des maladies, et quelquefois même la suffocation et la mort présentée sous les formes les plus hideuses et les plus terribles. Et ici, qu'on n'oublie pas que c'est en violation des lois promulguées par plusieurs des nations de l'Europe que se commettent ces attentats, et que conséquemment les négriers, à l'effet de se soustraire à l'action de la loi, sont naturellement amenés à recourir à une aggravation de cruauté dans l'exécution de leurs criminelles opérations.

Au sortir de leur effroyable prison, ceux qui ont survécu sont exposés en vente comme des bêtes de somme, condamnés à passer le reste de leurs jours dans l'esclavage, enlevés à jamais à tout ce qu'ils chérissent sur la terre, soumis à tous les barbares traitemens que peuvent leur infliger le caprice d'un maître insolent et les vils instrumens de son implacable domination. Voilà les cruautés dont sont victimes des myriades d'innocentes créatures ! Et quels sont les auteurs de ces audacieux attentats? Sont-ce des ennemis irrités qui vengent d'antiques injures? non sans doute. Les négriers n'ont pas même cette excuse, toute mauvaise qu'elle est. Ces crimes sont froidement exécutés par des hommes qui, jouissant des doux bienfaits de la liberté, trouvant chez eux tous les avantages de la vie sociale, quittent le pays qui les a vus naître, et, guidés par l'appât d'un gain sordide, vont porter la misère et la désolation chez des peuples innocens desquels ils n'ont jamais reçu aucune injure. Ah! s'il en est temps encore, puissent les nations de l'Europe considérer mûrement enfin à quelles terribles conséquences les expose une telle accumulation de forfaits !

Les argumens du christianisme contre la Traite sont, comme la religion d'où ils sont tirés, pleins de simplicité et de clarté ; mais en même temps ces argumens sont invincibles. L'Evangile de notre Seigneur Jésus-Christ est dans tout son contenu un code de paix, d'amour, de miséricorde et de charité. La Traite est d'un bout à l'autre un système de fraude, de rapine, de violence et de cruauté. Quand l'Auteur de notre salut revêtit la nature humaine, il nous présenta dans sa personne le plus parfait modèle de piété et de vertu : il vint parmi nous pour guérir les corps et sauver les âmes ; il enseigna à ses disciples que l'homme ne doit point se livrer à ses passions et aux coupables dispositions de son cœur ; mais qu'elles doivent céder à l'influence de l'Esprit de Dieu agissant sur l'âme. Dans ses admirables paraboles, il nous représente le bonheur résultant d'une vie pieuse ; dans ses cures miraculeuses, nous voyons toujours dominer une tendre compassion pour les souffrances et les afflictions de l'humanité : ses discours nous recommandent la pratique de la charité vraie et désintéressée. Tout au contraire, l'homme qui trafique de la vie et de la liberté de ses semblables, s'abandonne à toutes les passions vicieuses, filles de l'intérêt et de l'avarice ; il étouffe dans son cœur tous les sentimens doux et humains, et promène autour de lui la terreur et la dévastation. Notre divin Rédempteur nous a donné le type de la plus pure, de la plus impartiale justice, quand il a prononcé ces paroles mémorables : « Faites aux hommes tout ce que vous voulez qu'ils vous fassent (1). » Le négrier, en violation ouverte de cette injonction, inflige à ses frères d'indignes traitemens qu'il repousserait de tout son pouvoir si jamais il en était lui-même l'objet. Il se rend coupable d'injustice au plus haut chef : il prive des hommes comme lui, de la liberté ; la liberté, présent céleste, estimé le premier entre tous les biens de la vie sociale ; la liberté, droit inaliénable pour chacun· des membres de la grande famille humaine, et dont nul n'a droit de nous priver, si nous ne menaçons pas la paix et la tranquillité de nos frères. Et ici nous observerons que la Traite étant en elle-même un acte injuste, aucune considération commerciale ne saurait lui donner la sanction qui lui manque. Ce qui est moralement mauvais ne saurait être politiquement bon. Le Créateur a ordonné dans sa sagesse qu'une liaison intime unît nos intérêts à nos devoirs ; et certes, ce serait insulter à ses vues bienfaisantes que de supposer qu'une portion de la famille humaine a le droit de fonder ses bénéfices et ses avantages sur le malheur et les souffrances de l'autre.

On a dit que les Africains sont des êtres d'une nature inférieure à la nôtre. Si les habitans actuels

---

(1) Matth., chap. VII, vers. 12.

de l'Europe jouissent de facultés intellectuelles plus vigoureuses que celles des Africains, c'est avec un sentiment de reconnaissance envers l'Auteur des êtres qu'ils doivent considérer les moyens par lesquels ils ont été élevés à cet état d'énergie et de force morale. Ah! si dans les décrets impénétrables de sa divine providence, ce Dieu, auteur de toute puissance comme de toute sagesse, a bien voulu accélérer dans la partie du globe que nous habitons, les progrès des connaissances morales et religieuses, est-ce par des actes d'oppression et de cruauté envers ceux qui n'ont point été aussi heureux et aussi favorisés, que nous devons lui témoigner notre reconnaissance de tant de bienfaits? Mais, même sous le joug de calamités sous lequel ils gémissent, leur conduite ne prouve-t-elle pas d'une manière non équivoque, que les vertus et les affections de l'humanité ne leur sont point étrangères? Nos relations avec eux, et les rapports authentiques des voyageurs, prouvent qu'ils sont susceptibles de bonté, de sensibilité et de reconnaissance; qu'ils sont capables de progrès dans les arts industriels et agricoles, et en état d'arrêter, pour la conservation de la société, des lois pleines de sagesse et de justice.

On a dit aussi que nous sommes en droit d'arracher les enfans de l'Afrique à leur terre natale, afin de leur communiquer les bienfaits du christianisme. Voici notre réponse : Le divin fondateur de notre religion sainte n'a jamais employé d'autre moyen que la persuasion, pour engager ses auditeurs à recevoir sa doctrine et à obéir à ses commandemens. Il ne força pas même les Juifs à recevoir les bienfaits de son Evangile ; les Juifs, l'objet spécial de la protection divine, et qui, durant tant de générations successives, avaient été le peuple chéri et privilégié. Il leur présenta ses célestes promesses : cette nation les repoussa. Que fit le Sauveur du monde? Se rappelant les péchés et les transgressions de ce peuple rebelle, employa-t-il des moyens violens pour les amener à la vérité? Ecoutons sa pathétique exclamation : « Jérusalem, Jérusalem, qui tues les prophètes, et qui lapides ceux qui sont envoyés vers toi, combien de fois ai-je voulu rassembler tes enfans comme une poule rassemble ses petits sous ses ailes; *et tu ne l'as pas voulu* (1)!» Il est notre Seigneur et notre Maître ; il est le chef suprême de l'église chrétienne : ses préceptes et ses exemples sont obligatoires indistinctement pour tous ses vrais disciples, dans tous les temps, dans tous les pays. Si nous y conformons notre conduite, si, sous l'influence de son Esprit, nous suivons les maximes de charité et de douceur qu'il nous a données, le bonheur sera notre partage dans cette vie et dans l'autre ; mais si, nous parant de son nom, usurpant le

______

(1) Matth., chap. XXIII, vers. 37.

titre de ses disciples et nous vantant d'enseigner ses doctrines, nous repoussons son exemple et violons ses préceptes aux regards des nations qui, moins favorisées que nous, ne sont point encore entrées en partage de son saint Evangile, malheur à nous ! A quels redoutables châtimens ne devons-nous pas nous attendre ?

Les nations de l'Europe ont contracté envers l'Afrique une dette sacrée qu'il est de leur devoir d'acquitter. Au lieu de profiter de leurs relations commerciales avec la population inoffensive de ce continent, pour offrir dans leurs personnes un exemple de l'excellence de la religion chrétienne, par la douceur de leur conduite, par la pureté de leur morale ; au lieu de s'efforcer d'initier les Africains dans la connaissance de ces idées sublimes et consolantes qui sont le partage des vrais chrétiens, et leur donnent dès ici-bas un avant-goût des félicités célestes, plusieurs nations européennes ont déversé sur cette terre malheureuse, le pillage et la désolation, le carnage et la terreur ; elles ont reproduit sur ses rivages désolés toutes les formes les plus hideuses de l'injustice et de la cruauté, et sont cause que le nom du Christ est blasphémé par les gentils.

Nous en appelons à tous ceux qui ont senti battre dans leur cœur l'amour de la patrie, ce sentiment inhérent à notre nature ; à tous ceux qui sont en état d'apprécier les bienfaits et les douceurs de la vie sociale ; à tous ceux qui ne sont pas étrangers à ces doux sentimens qui unissent les enfans à leur père, le frère à la sœur, l'épouse à son époux. Qu'ils pensent avec effroi combien ces sentimens si chers sont journellement et indignement foulés aux pieds par les négriers, sur le continent africain!

Nous les supplions d'entretenir soigneusement dans leur cœur les sentimens d'une pitié profonde pour les souffrances de ces touchantes victimes de l'avidité européenne. Que d'année en année, de jour en jour, cette noble pitié s'accroisse avec les nouveaux crimes des négriers! Qu'armés de la charité et du courage d'un véritable chrétien, ils saisissent toutes les occasions de plaider, en présence de leurs compatriotes, la cause des enfans de l'Afrique! Que par tous les moyens en leur pouvoir, ils s'empressent de se procurer tous les renseignemens possibles sur la nature et l'étendue de cette Traite dévastatrice, et qu'ils rendent public ce qu'ils auront appris, en conservant toujours cette mesure et cette modération qui conviennent aux sujets d'un gouvernement chrétien. Le Créateur, dans son inépuisable bonté, a attaché à l'exercice de la bienfaisance et de la charité, une récompense immédiate. Cette récompense, il l'a placée dans notre propre cœur, et c'est là que nous pouvons puiser chaque jour de nouveaux motifs d'humanité et de philanthropie. Arracher nos semblables aux mains de la cruauté et aux chaînes de l'oppression, est

un acte bien digne de nos efforts infatigables,
non-seulement par des considérations de devoir,
mais encore par la douce, l'ineffable satisfaction
qu'un tel acte procure.

Que personne ne s'excuse, pour ne pas faire
son devoir dans cette noble cause, sur la crainte
de l'inutilité de ses efforts. Quelque obscur que
soit le poste que nous occupons, quelque limitée
que soit la sphère de notre action, nul d'entre
nous ne peut prévoir les résultats réservés à ses
efforts persévérans dans la cause de la justice et
de l'humanité. De grands événemens sont sortis
quelquefois des sources les plus faibles en appa-
rence. Quant à ceux qui jouissent d'une influence
plus étendue, nous les prions instamment de ne
point perdre un moment, de ne négliger aucune
occasion pour plaider une cause qui intéresse si
vivement le bonheur et le bien-être d'un nombre
immense de nos semblables.

Si par hasard ces pages venaient à tomber
entre les mains des hommes employés dans ce
funeste trafic, nous leur dirions : Dans le moment
même où nous essayons de décrire les souffrances que vous infligez à un continent malheureux, nous nous rappelons que vous êtes nos
frères. Bien que nous ne considérions vos actes
qu'avec un sentiment profond d'indignation et
d'horreur, vous n'en êtes pas moins les objets
de notre tendre compassion. Croyant fermement
à un état futur de récompenses et de peines,

nous vous avertissons , conformément à l'esprit de charité chrétienne, de considérer dans l'avenir la punition réservée à vos forfaits. Notre divin Rédempteur, celui par qui le monde sera jugé, n'a-t-il pas dit lui-même : « Bienheureux ceux qui sont miséricordieux, parce qu'ils obtiendront eux-mêmes miséricorde (1)! » Quelle récompense auront donc à attendre les hommes cruels qui ferment leurs oreilles au cri de la pitié? Dans le même discours, le Sauveur du monde a prononcé cette redoutable sentence : « On se servira envers vous de la même mesure dont vous vous serez servi envers les autres (2). » Quel sera donc le partage de ceux qui ont comblé envers un peuple innocent et désarmé, la mesure de la cruauté, de la misère et de la douleur !

La voix de la raison et de la justice, la voix de l'humanité et de la religion, s'accordent à proclamer la Traite une iniquité de l'espèce la plus odieuse et la plus profondément criminelle. Puissent les amis de l'Afrique, les partisans de l'abolition de ce commerce sanglant, en quelque lieu de la terre que soit répandue leur foule bienfaisante, combiner leurs efforts pour le succès de cette grande cause ! Puissent leur énergie et leur ardeur égaler le mal même en étendue! Puissent leur patience et leur persévérance augmenter en proportion des obstacles qu'ils ont à

______

(1) Matth., chap. v, vers. 7. — (2) *Idem*, chap. vii, vers. 2.

vaincre ! Puissent de nouveaux auxiliaires recruter sans cesse leur vertueuse confédération , jusqu'au jour où la Traite aura enfin disparu de la face du monde !

Puisse le Très - Haut, le Père de tous les hommes , hâter l'époque de cette abolition définitive ! Puisse ce grand résultat , combiné avec d'autres événemens que prépare la bonté divine, amener enfin l'heureux jour où , des portes de l'Orient aux rives de l'Occident, le soleil n'éclairera que des chrétiens , et verra dans son cours radieux , les vœux et l'encens de tous les peuples s'unir et monter ensemble au trône de l'Eternel (1) !

Signé au nom et par ordre de l'assemblée annuelle de la Société des Amis , tenue à Londres le 25 du cinquième mois 1822.

JOSIAH FORSTER ,
Secrétaire de l'assemblée pour la présente année.

---

(1) Malachie, chap. 1, vers. 11.

www.ingramcontent.com/pod-product-compliance
Ingram Content Group UK Ltd.
Pitfield, Milton Keynes, MK11 3LW, UK
UKHW021719090726
13657UKWH00005B/2356

9 782019 223816